AF177937

UTE FREIHART

DES KONNST DEIM BOU VEAZÖHLN

OBERPFÄLZISCH FÜR ANFÄNGER

BUCH- UND KUNSTVERLAG
OBERPFALZ

Bibliografische Information der Deutschen Nationalbibliothek

Die Deutsche Nationalbibliothek verzeichnet diese Publikation in der Deutschen Nationalbibliografie; detaillierte bibliografische Daten sind im Internet über http://dnb.dnb.de abrufbar.
ISBN 978-3-95587-078-2

2. Auflage 2020
ISBN 978-3-95587-078-2
Alle Rechte vorbehalten!
© 2020 Buch- und Kunstverlag Oberpfalz in der Battenberg Gietl Verlag GmbH, Regenstauf
www.battenberg-gietl.de

Illustrationen: Ute Freihart

INHALT

Die Aussprache
und der Klang

Die Präpositionen

Die Personalpronomen

Die Zahlen bis hundert

Die Uhrzeiten

Die Zeitformen

LEKTION 1

Seite 12-27

LEKTION 2

Seite 30-41

Die Begrüßung und Verabschiedung

Die Fragewörter

Die Verneinung

Die Anatomie

Die Familie

Die Tiere

Die Getränke und das Essen

Das Fluchen und Schimpfen

Einige Sprichwörter und Zitate

LEKTION 3
Seite 44-57

LEKTION 4
Seite 60-77

LEKTION 5
Seite 80-88

Die Aussprache
und der Klang

Die Präpositionen

Die Personalpronomen

LEKTION 1

Seite 12-27

1

DIE AUSSPRACHE UND DER KLANG

ABC

DEFGHIJKLMNOPQRSTUVWXYZÄÖÜß

1

Die Aussprache und der Klang

Folgt einem „I“ ein „L“ so wird es in den meisten Fällen zum „Ü“.
Brün *Brille*
Müch *Milch*
Füm *Film*

Wenn nach einem „E“ ein „Doppel-L“ steht wird es in der Regel zum „Ö“.
Dölla *Teller*
Dankstöll *Tankstelle*
Schölln *Schelle*

Die Buchstaben „Ö“ und „Ü“ werden von den Oberpfälzer*innen durch „IJ“ ersetzt.
schij *schön*
bläijd *blöd*
mijd *müde*

Dem U entspricht oft OU.
Bou *Bub*
Kouh *Kuh*
Schouh *Schuh*

Das Bellen und Jaulen

Viele Wörter der Oberpfälzer Mundart unterscheiden sich oft sehr von der einen Ortschaft zur nächsten. So sind schon im Umkreis von nur wenigen Kilometern Sprach- und Klangunterschiede zu hören. Aus diesem Grund ist es schwer, mit diesem Buch für die gesamte Oberpfalz zu sprechen, da je nach Region kleine Abweichungen zu finden sind.
Doch eines ist in der ganzen Oberpfalz gleich: Der Dialekt erinnert stark an Bellen und Jaulen. Hier sind einige Laute, die zu dem typischen Klang beitragen.

1

DIE PRÄPOSITIONEN

1

Die Präpositionen

Folgt einer Präposition ein Artikel, verschmelzen diese zwei Wörter häufig miteinander, wie es auch oft im Hochdeutschen der Fall ist:
afm Stodl *auf der Scheune*
voam Stodl *vor der Scheune*

Eine Ausnahme gibt es, wenn der Artikel „da" verwendet wird. In diesem Fall werden Präposition und Artikel nicht zusammengefügt:
af da Schupfa *auf dem Schuppen*
voa da Schupfa *vor dem Schuppen*

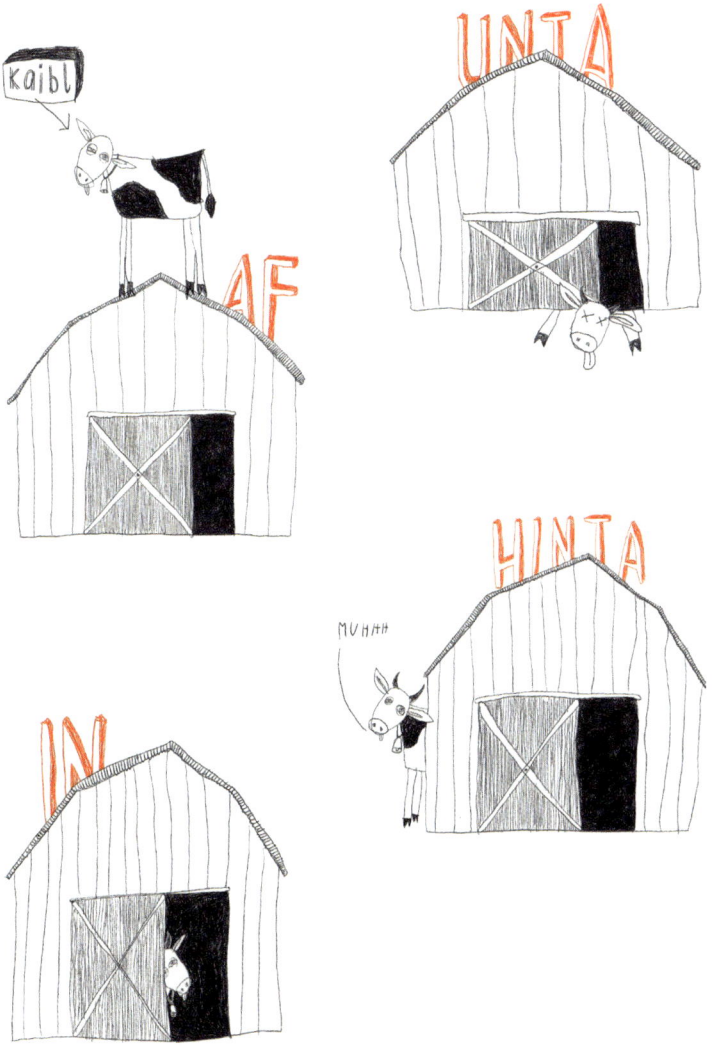
kaibl
AF
UNTA
HINTA
MUHHH
IN

1

Asse | Naus
D'Kouh göjht gmijtlich asm Stodl asse. *Die Kuh geht gemütlich aus der Scheune raus.*

Affe | Naf
Dannat schauts, wöjs aufs Stodldoch naf kumma kannt und springt gschmaidig affe. *Dann schaut sie, wie sie auf das Scheunendach hoch kommen könnte und springt elegant hinauf.*

Umme | Num | Iwara
D'Kouh wü zu am groußn Bam umme hupfa. *Die Kuh will zu einem großen Baum hinüber hüpfen.*

Owe | Nunda
Owa des schoffts niad und follt vom Stodldoch owe. *Aber sie schafft es nicht und fällt vom Scheunendach runter.*

Eine | Nei
Ganz dramhappat göjhts dannat lijba wieda in Stodl eine. *Ganz benommen geht sie dann lieber wieder in die Scheune rein.*

1

DIE PERSONALPRONOMEN

1

Die Personalpronomen

Relativpronomina

der | der wou *derjenige* | *welcher*
dij | dij wou *diejenige* | *welche*
des | des wou *dasjenige* | *welches*

1

Singular

Nominativ	i *ich*	du *du*	er | a *er*
Dativ	ma *mir*	dir | da *dir*	eahm *ihm*
Akkusativ	mi *mich*	di *dich*	'n *ihn*
Nominativ	sie | s' | sa *sie*	es | 's *es*	
Dativ	ihr | ehra *ihr*	eahm *ihm*	
Akkusativ	s' *sie*	as | 's *es*	

Plural

Nominativ	mia | ma *wir*	ihr | ees *ihr*	sie | sa | s' *sie*
Dativ	uns *uns*	eich | enk *euch*	eahna *ihnen*
Akkusativ	uns *uns*	eich | enk *euch*	s' *sie*

Die Zahlen bis hundert

Die Uhrzeiten

Die Zeitformen

LEKTION 2

Seite 30-41

2

DIE ZAHLEN BIS HUNDERT

2

Die Zahlen bis hundert

Bei den Zahlen bis hundert wird, mit Ausnahme von eins, zwei, drei und hundert, ein „e“ angehängt. Von den Einern wird ab der Zahl Einundzwanzig das „e“ durch ein „a“ ersetzt. Dieses „a“ ist die Verbindung von Zehner und Einer, zum Beispiel bei „dreiazwanzge“ und „sechsasiewazg“. Bei der Zahl Zwei gibt es die einzige Ausnahme, hier wird ein „ra“ eingefügt, wie es bei „zwoaradreißge“ oder „zwoaraneinzg“ der Fall ist.

oins | oans

zwoi | zwoa

drei

vija | vier | viere

fümf | fümfe

sechs | sechse

siem | sieme

ochd | ochde

nein | neine

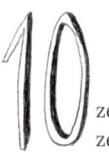

zeah | zeahne

11 öjf | öjfe

12 zwöjf | zwöjfe

13 dreizeah | dreizeahne

14 vierzeah | vierzeahne

15 fuchzeah | fuchzeahne

16 sechzeah | sechzehne

17 siewazeah | siebzeah | siebzeahne

18 ochdzeah | ochdzeahne

19 neinzeah | neinzeahne

20 zwanzg | zwanzge

30 dreißg | dreißge

40 vierzg | vierzge

50 fuchzg | fuchzge

60 sechzg | sechzge

70 siewazg | siebzg | siebzge

80 ochzg | ochzge

90 neinzg | neinzge

100 hundad

2

DIE UHRZEITEN

2

Die Uhrzeiten

Das Lesen und die Angabe der Zeit
Die Zeit wird immer ohne „Uhr" dahinter angegeben. Und auch digitale Uhrzeiten gibt es nicht. Zu 09:10 Uhr sagt man nicht „Es ist neun Uhr zehn" sondern „Es is zehn noch neine".
Außerdem verwendet man nur die Zahlen Eins bis Zwölf zur Angabe der Uhrzeit. Deswegen ist es nützlich, der Zeitangabe, passend zur Tageszeit, noch „in da Frijh", am „Nomedog" oder „af d'Nocht" anzuhängen.

Die volle Stunde
Allen Zahlen bis zwölf, mit Ausnahme von „oans", „zwoa" und „drei", wird bei der Angabe der Uhrzeit die Endung „e" angehängt.

Viertel, Halb und Dreiviertel
Die Zwischenzeiten, wie Viertel, Halb und Dreiviertel, werden immer hin zur nächsten vollen Stunde gedacht und angegeben.

VIATL
01:15
ZWOA

DRE
IVI
ATL
OLFE

HALWA

2

DIE ZEITFORMEN

2

Die Zeitformen

Im Oberpfälzischen gibt es das Präteritum, also die erste Vergangenheit, nicht. Man verwendet nur diese vier Zeitformen:

Präsens

Da Lugge is a Nochtmensch, um ochde in da Frijh gejht a ins Bett. *Ludwig ist ein Nachtmensch, um acht Uhr morgens geht er ins Bett.*

Perfekt

Seine Kech hom oiwei obwechselnd Nochtschichtn ghabt, wei da Lugge east am Omnd gfrühstückt hod. *Seine Köche haben immer abwechselnd Nachtschichten gehabt, da Ludwig erst am Abend gefrühstückt hat.*

Plusquamperfekt

Sellmals hod da Lugge in da Nocht goabat ghabt, wei erm dou nermads eine ren kinna hod. *Damals hatte Ludwig in der Nacht gearbeitet, weil ihm da niemand reingeredet hatte.*

Futur

Da Lugge wead oiwei ojis Märchenkini in de Kepf bleim. *Ludwig wird immer als Märchenkönig in Erinnerung bleiben.*

LUDWIG II

Die Begrüßung und Verabschiedung

Die Fragewörter

Die Verneinung

LEKTION 3

Seite 44-57

3

DIE BEGRÜSSUNG UND VERABSCHIEDUNG

3

Die Begrüßung und Verabschiedung

Grijßdi
Dieses Grußwort kann man zu jeder Tageszeit nutzen. Trifft man jedoch auf eine Gruppe von mehreren Leuten ist die Form „Grijßenk" passend. Bei einer Respektsperson verwendet man hingegen die höflichere Form „Grijßeahna".

Guadmoang | Moang
Diese Begrüßung wird vormittags, bis ca. 11 Uhr, genutzt. Man kann den Gruß gegenüber Bekannten oder Respektspersonen verwenden.

Mohlzeit
Zur Mittagszeit verwendet man dieses knappe Wort, das nicht nur das Gegenüber begrüßt, sondern ihr*ihm auch einen „guten Appetit" wünscht.

Guanoumd | Oumd
„Guanoumd" oder die Kurzform „Oumd" wird am späten Nachmittag und Abend verwendet. Man kann mit diesem Wort Bekannte oder Freund*innen, aber auch autoritäre Personen grüßen.

3

Hawadehre
Damit begrüßt oder verabschiedet man sich unter Bekannten oder Freund*innen. Gegenüber einer autoritären Person sollte man diesen Gruß nicht verwenden.

Pfiadi
Verabschiedet man sich von einer Person, verwendet man das kurze Wörtchen „Pfiadi". Bei einer Gruppe von Freund*innen oder Bekannten nutzt man hingegen die Form „Pfiadenk". Für Respektspersonen gebraucht man die höflichere Form „Pfiadeahna".

Servus
Eins der wohl beliebtesten Grußwörter, nicht nur in der Oberpfalz, sondern in ganz Bayern, ist das freundschaftliche „Servus", das man nicht nur zur Begrüßung, sondern auch zur Verabschiedung unter Bekannten und guten Freund*innen verwendet.

3

DIE FRAGEWÖRTER

3

Die Fragewörter

WANN WOAST'N DU AAS LETZDE MOL IN DA KIRCHA?

WÖJ GÖJHT'S NA DA MUADA VOM ANDL SEINA DOCHDA DA MO?

WÖJ VÜ WEIBA HOD DEI BOU IJZ SCHO G'HOBT?

Ha
Ha? *Wie bitte? Könntest du das wiederholen?*

Wouher | Wouhi
Wou kummt'n da Tschamsdara vo da Mare her? *Woher kommt der Liebhaber von Maria?*
Wou göjht'n da Resl ihr Meudl oiwei am Freidaoumd hi? *Wohin geht Theresas Tochter ständig am Freitagabend?*

Wöj
Wöj bijglst'n du deine Unterbumpeln? *Wie bügelst du deine Unterhosen?*

Wos
Wos fiara Hoafoab hot dia am bestn bei da Traudl gfalln? *Welche Haarfarbe hat dir am besten bei Edeltraud gefallen?*

WOS MACHT'N AAS Moidl VOM DOME ijz?

WER Kummt'n da ALLWei ZUM BAP VOM GLOA SCHORSCHE?

jA gERTL, hast du des scho G'HERT?

WOU is NA DA BOU VOM SEPP ALLWEI?

3

DIE VERNEINUNG

3

Die Verneinung

Ein einfaches „Nein" reicht nicht. Deswegen wird die Verneinung verdoppelt, verdreifacht, teilweise hin bis verfünffacht. So macht der*die Oberpfälzer*in deutlich und drückt bekräftigt aus, wenn er*sie etwas nicht will.

Doppelte Verneinung

Da Schorsche isst koa Suppn niad. *Georg isst keine Suppe.*

Dreifache Verneinung

Da Schorsche hot nu nij niad koa Suppn gessn. *Georg hat noch nie eine Suppe gegessen.*

Vierfache Verneinung

Da Schorsche hot nijmols niad koa Suppn niad gessn. *Georg hat noch niemals eine Suppe gegessen.*

Fünffache Verneinung

Da Schorsche kennd neamads dea nijmols niad koa Suppn niad gessn hot. *Georg kennt niemanden, der jemals eine Suppe gegessen hat.*

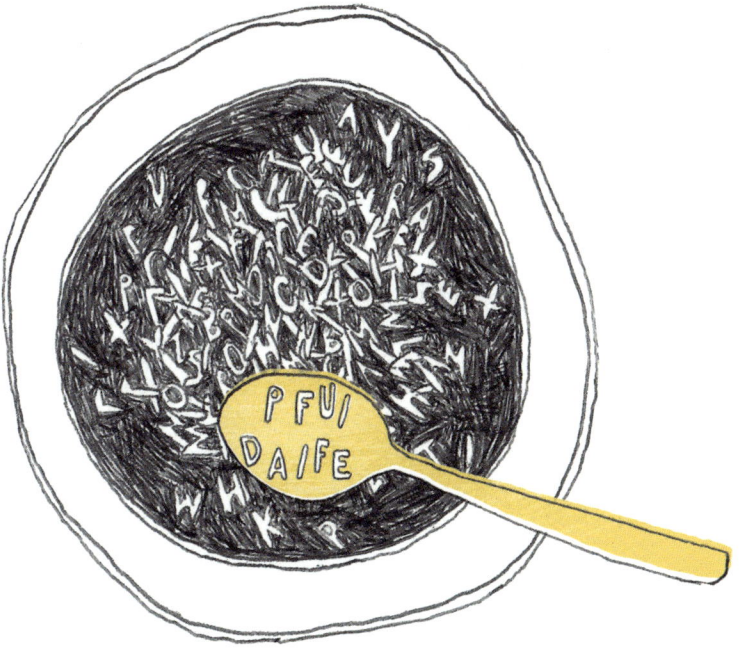
PFUI
DAIFE

Die Anatomie

Die Familie

Die Tiere

Die Getränke und das Essen

LEKTION 4

Seite 60-77

4

DIE ANATOMIE

4

Anatomie

Gwand *Klamotten*
Untahemat *Unterhemd*
Hosn *Hose*
Hoaschöijbbl *Haarsträhne*
Zinkn *Große Nase*
Luserwaschl *Ohr*
Brün *Brille*
Boad *Bart*
Buggl *Buckel*
Greiz *Rücken*
Öllabong *Ellbogen*
Bratzn *Große Hände*
Wambm *Großer Bauch*
Schwatn *Bauchspeck*
Bippal *Penis*
Knöij *Knie*
Waadl *Wade*
Schieboa *Schienbein*
Zöichanoogl *Zehnagel*
Zöicha *Zeh*
Feaschn *Ferse*
Heenaauch *Hühnerauge*

HOAJCHöijbbl
ZINKN
BRÜN
BUGGL
BOAd
UNTAhemAT
GREIZ
WAMbM
GWAND
Knij
SCHIEBOA
WAAdl
heenAAUCH
FeASCHN
ZÖICHA
ZÖICHANDDGL

SCHPEDL
HIANKASTL
NOOSN
ZEH
KLEIDL
DASCH
SCHDAMPFA
FÖISS
SCHDUA

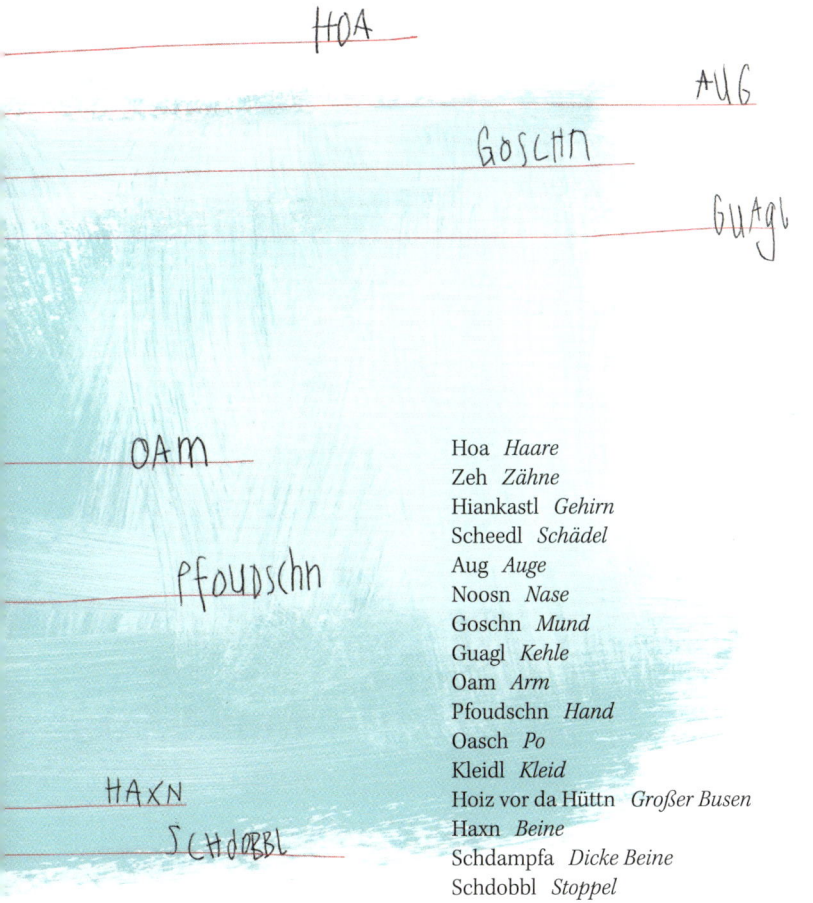

Hoa *Haare*
Zeh *Zähne*
Hiankastl *Gehirn*
Scheedl *Schädel*
Aug *Auge*
Noosn *Nase*
Goschn *Mund*
Guagl *Kehle*
Oam *Arm*
Pfoudschn *Hand*
Oasch *Po*
Kleidl *Kleid*
Hoiz vor da Hüttn *Großer Busen*
Haxn *Beine*
Schdampfa *Dicke Beine*
Schdobbl *Stoppel*
Schou *Schuhe*
Föiss *Füße*

DIE FAMILIE

BURGLADE
VERWANDTSCHAFT

Die Familie

FAMÜlie
groußÖïDAN
ÖïDAN
old
groUß
GROUßVODA
GROUßMUADA
BAP
MAM

D'Dochda | Da Sohn
„D'Dochda" und „da Sohn" oder „as Moidl" und „da Bou" sind die Kinder der Eltern.

D'Dande | Da Onge
„D'Dande" und „da Onge" sind die Geschwister der Mutter beziehungsweise des Vaters und deren Ehepartner*in.

D'Nichdn | Da Neff
„D'Nichdn" und „da Neff" sind die Kinder der Schwester oder des Bruders.

D'Enklin | Da Enkl
„D'Enklin" und „da Enkl" sind die Kinder der Kinder.

D'Schwaacherin | Da Schwocha
„D'Schwaacherin" oder „da Schwocha" ist die Ehefrau beziehungsweise der Ehemann der Schwester, des Bruders oder des Ehepartners.

A Gschpusi | A Tschamsdara
„A Gschpusi" ist ein*e Geliebte*r, eine Affäre oder Liebschaft. „A Tschamsdara" bezeichnet das Gleiche, wobei es sich hier immer um eine männliche Person handelt. Im Gegensatz zu „Gschpusi" ist „Tschamsdara" eher negativ besetzt.

ᛋ

DIE
TIERE

4

Die Tiere

Rammeschucksn

Eines der wohl berühmtesten oberpfälzischen Tiere ist das „Rammeschucksn". In vielen bayerischen Gegenden ist es auch als Wolpertinger bekannt. Hierbei handelt es sich um ein Mischwesen.

Das Aussehen dieser sehr seltenen Wesen variiert oft stark. Meistens haben sie zwei bis vier Füße, Hörner und Flügel. Der Wald ist sein natürlicher Lebensraum. Doch da das Tier sehr scheu ist, zeigt sich das „Rammeschucksn" nur sehr selten den Menschen.

RATZ
WEPS
HOS
DACHKATZL
GÖJROUM
DMEISN
SCHNOUGN
ANTN
HENA
ZIBERL
SCHOUF
KATZ
FACKL

4

DAS ESSEN UND DIE GETRÄNKE

MILCH
Spe
MILCH
Spe
MILCH
MILCH

4

Die Getränke und das Essen

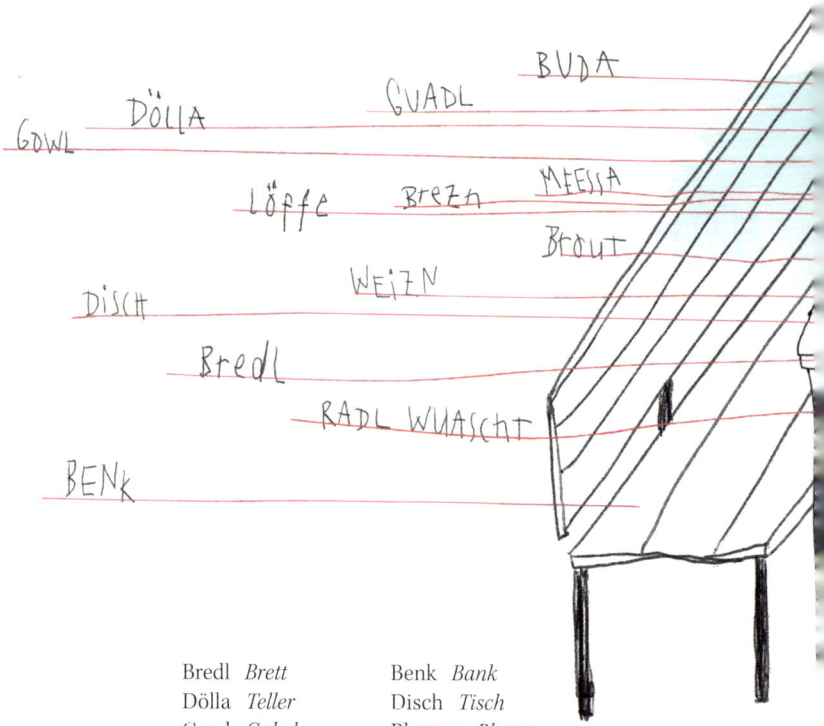

Bredl *Brett*
Dölla *Teller*
Gowl *Gabel*
Messa *Messer*
Löffe *Löffel*

Benk *Bank*
Disch *Tisch*
Blouma *Blume*
Bladl *Blatt*
Oa *Ei*

Brezn *Breze*
Brout *Brot*
Buda *Butter*
Guadl *Bonbon*
Gwasch *Spezi*

Böija *Bier*
Weizn *Weißbier*
Müch *Milch*
Opfe *Apfel*
Kaas *Käse*

Sömme *Brötchen*
Radl Wuascht *Scheibe Wurst*
An Guadn! *Guten Appetit!*
schleckln *naschen*
schnächan *kosten, naschen*
Scherzl *Brotanschnitt*

Das Fluchen
und Schimpfen

Die Sprichwörter
und Zitate

LEKTION 5

Seite 80-88

5

DAS FLUCHEN UND SCHIMPFEN

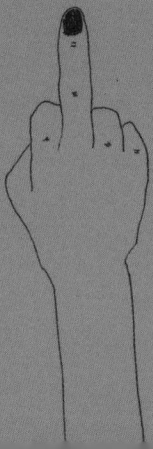

5

Das Fluchen und Schimpfen

Die Oberpfälzer*innen schimpfen und granteln viel und gerne. Hier sind ein paar der beliebtesten Beleidigungen, Schimpf- und Fluchwörter.

* Ältere Menschen benutzen „gloans Oaschloch" häufig, wenn sie jemanden als „Angsthase" bezeichnen.

5

EINIGE SPRICHWÖRTER UND ZITATE

DES IS
GHUPFT WÖ'J
GSPRUNGA

Es ist egal, wofür man sich entscheidet, im Prinzip ist es das Gleiche.

5

Die Sprichwörter und Zitate

Das Sprichwort „Dou is da Hund verreckt" wird verwendet, wenn man deutlich machen will, dass nichts los ist.

Dort vertrocknet er dir. Dort vertrocknet er dir auch. Und dort, dort würde er dir auch vertrocknen.

5

Wenn ma
bsuffa san,
samma olle
Oberpfälzer
– ONKL MICHA –
NIEDERBAYER